RÉCIT

DE LA

BATAILLE DE CHAMPIGNY

30 NOVEMBRE ET 2 DÉCEMBRE 1870

PARIS

E. DE SOYE ET FILS, IMPRIMEURS

5, PLACE DU PANTHÉON, 5

—

1878

RÉCIT

DE LA

BATAILLE DE CHAMPIGNY

Paris. — E. DE SOYE et FILS, imprimeurs, place du Panthéon, 5.

RÉCIT

DE LA

BATAILLE DE CHAMPIGNY

30 NOVEMBRE ET 2 DÉCEMBRE 1870

PARIS

E. DE SOYE ET FILS, IMPRIMEURS

5, PLACE DU PANTHÉON, 5

—

1878

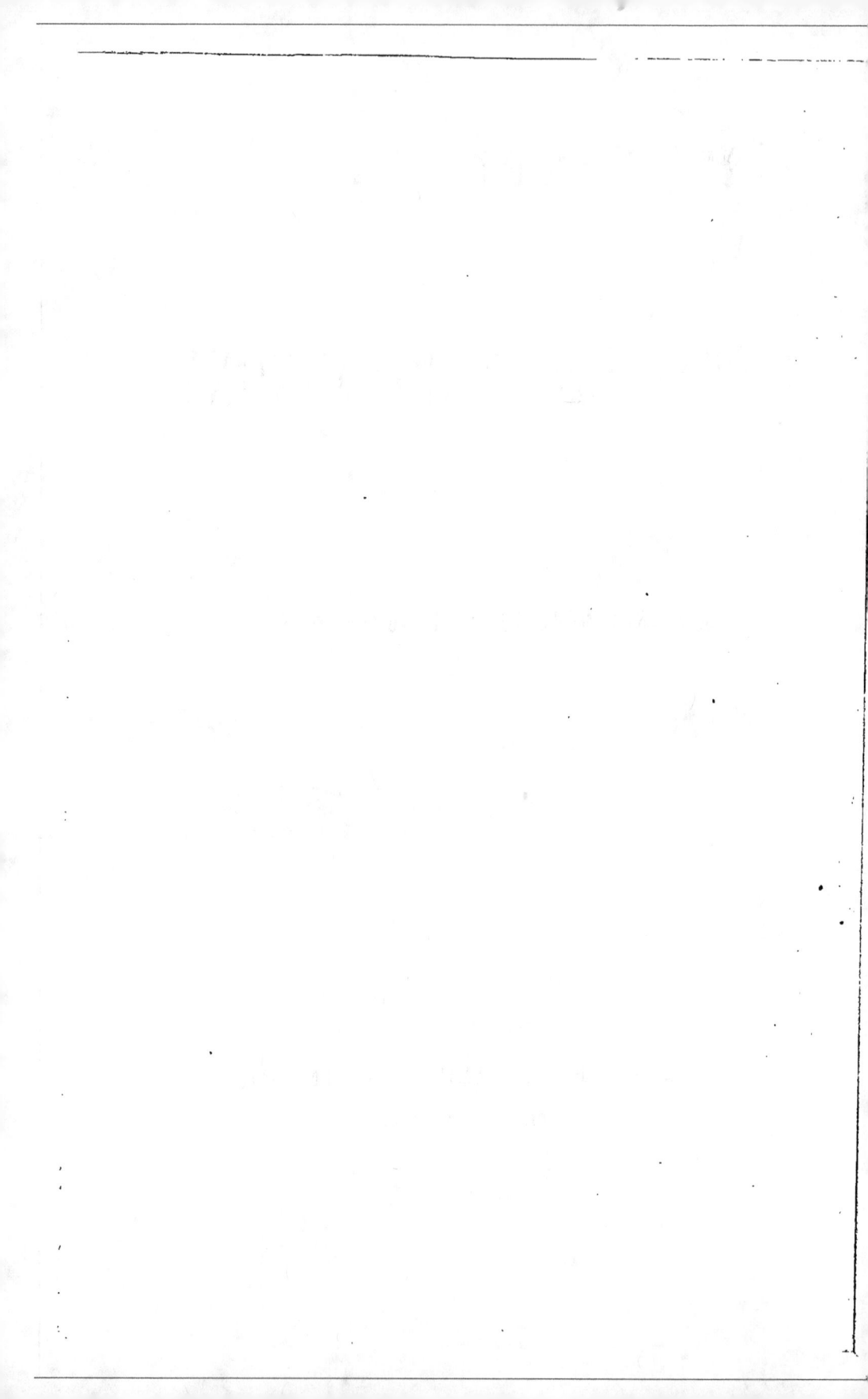

LA BATAILLE DE CHAMPIGNY

I

Nous n'avons pas l'intention de retracer un tableau général de cette douloureuse guerre de France, de cette campagne qui fut si fatale à notre pays, et dans laquelle cependant, grâce à l'énergie de la résistance, nous le pouvons dire nous aussi, *tout fut perdu fors l'honneur.* Nous parlerons uniquement de ces mémorables journées de Champigny, 30 novembre et 2 décembre 1870, de ce suprême effort de la défense de Paris dont nous devons garder à jamais le triste et patriotique souvenir. Notre but, dans cette courte notice, est d'expliquer les péripéties de la lutte aux nombreuses personnes qui viennent visiter l'admirable monument de Champigny ; de leur désigner avec précision les points qui furent le principal théâtre de l'action ; en un mot, de leur donner l'intelligence des lieux sur lesquels ils se trouvent.

On sait que dès le 8 novembre avait été décrétée la création de trois armées à Paris. La première composée de la garde nationale tout entière, comprenant 266 bataillons, qui formés bientôt en régiments pouvaient représenter plus de 100,000 hommes. Au lendemain du 31 octobre, on la plaçait sous les ordres de M. Clément Thomas, « homme de peu d'expérience militaire sans doute, mais dévoué, énergique, portant dans sa mission un patriotisme et un sentiment de la discipline qu'il devait payer de la vie cinq mois plus tard (1) ».

La deuxième armée formée des meilleures troupes, était confiée au brave général Ducrot. Elle comprenait trois corps : le 1er sous le général Blanchard ; le 2e sous le général Renault ; le 3e sous le général d'Exéa. Cette armée s'élevait à un peu plus de 100,000 hommes, et se composait des zouaves du colonel Meric, du 35e et du 42e de ligne, du 113e et du 114e, des mobiles d'Ille-et-Vilaine, du Finistère, de la Vendée, de la Côte-d'Or, du Loiret et du Tarn.

La troisième armée, sous les ordres du général Vinoy, comptait près de 70,000 hommes répartis en six divisions aux ordres des généraux Soumain, de Liniers, de Beaufort-d'Hautpoul, Corréard, d'Hugues et du contre-amiral Pothuau.

(1) Charles de Mazade, *la Guerre de France* 1870-1871. Paris, Didier.

Parmi ces troupes composées principalement de mobiles, il y en avait cependant d'excellentes : 2,000 soldats de la garde républicaine, 2,000 hommes de gendarmerie, 4,000 douaniers, 1,200 gardes forestiers, 5,000 soldats de marine, et de plus, une partie de l'ancien 13e corps, la division de Maud'huy, forte de 16,000 hommes. Le général Vinoy avait la garde des lignes du sud. Enfin le vice-amiral La Roncière le Noury, qui commandait en même temps toutes les forces de marine du siège, était placé à la tête d'un corps indépendant, composé de trois brigades sous les ordres des généraux Lavoignet et Hanrion et du capitaine de frégate Lamothe-Tenet. Ce corps comptait un peu plus de 30,000 hommes. Le gouverneur de Paris, le général Trochu, avait la direction générale de ces trois armées, avec le général de Chabaud-Latour pour chef supérieur du génie et le général Guiod pour commandant de toute l'artillerie.

Avant le 15 novembre l'organisation de la défense était à peu près terminée, et on pouvait s'attendre que d'un jour à l'autre nos troupes allaient en venir aux mains avec l'armée ennemie. On n'ignore pas que d'abord tout avait été préparé pour attaquer les lignes prussiennes à l'ouest de Paris, à l'endroit où la Seine forme les deux presqu'îles de Gennevilliers et d'Argenteuil. C'est pour cela qu'on avait éloigné les Prussiens de la presqu'île de Gennevilliers, par le combat du

21 octobre, par les ouvrages des Gibets, de Charlebourg, de la Folie et de Gennevilliers, armés de 80 pièces de marine du plus gros calibre. Le point de débarquement devait être Bezons (1).

Ce projet était à la veille d'être exécuté, lorsque le 14 novembre au soir, on apprenait à Paris la bataille de Coulmiers, livrée le 9, la défaite de l'armée bavaroise par le général d'Aurelles de Paladines et la reprise d'Orléans. Ce succès de notre armée de la Loire avait le malheur d'arriver ou trop tôt ou trop tard ; de bouleverser tout un plan préparé d'un autre côté, et de forcer le général en chef à renoncer au passage par la basse Seine, à se reporter soudainement de l'ouest à l'est, sous peine de paraître tourner le dos à l'armée de la Loire et de n'être pas compris de l'opinion. C'était six semaines de fatigues, de travaux et de soins absolument perdus. On annonçait au gouverneur de Paris que l'armée d'Orléans serait dans la forêt de Fontainebleau vers les premiers jours de décembre. Il fallut donc se décider à déplacer son action, chercher à se frayer un chemin par un autre passage, afin de rejoindre cette armée de la Loire qui ne put malheureusement se trouver au rendez-vous qu'elle avait assigné. Battue par le prince Frédéric-Charles, après une lutte acharnée de trois

(1) Voir pour ces projets d'attaques, l'ouvrage de **M.** Ch. de Mazade, *la Guerre de France.*

jours, les 3, 4 et 5 décembre, elle était forcée d'abandonner Orléans, de passer la Loire et de se retirer en partie jusqu'à Bourges, en attendant qu'on la jetât en plein hiver dans cette fatale campagne de l'Est, au milieu des montagnes du Jura, où tant d'hommes périrent de froid et de misère, et d'où les autres ne sortirent que pour entrer en Suisse.

II

Il était bien difficile, et en même temps très-fâcheux d'avoir à changer soudain tout ce qui avait été longuement préparé dans la presqu'île de Gennevilliers. On se résigna toutefois à cette cruelle nécessité, et on choisit le point d'attaque sur la Marne à la protection des puissantes défenses placées à l'Est de Paris, en face des villages de Villiers et de Champigny.

La Marne, en s'approchant de Paris, décrit de fortes sinuosités. A partir de Bry, elle se replie vers Paris, passe sous Nogent, le plateau de Vincennes, sous Joinville, les redoutes de la Faisanderie et de Gravelle, et Saint-Maur. Puis la rivière coule droit vers Champigny, contourne les hauteurs de Chennevières et d'Ormesson, revient sur elle-même vers Créteil et Gravelle, et se jette dans la Seine à Charenton. La Marne forme ainsi deux presqu'îles : celle de Champigny et de

Saint-Maur. La rive droite, du côté de Paris, est défendue par des hauteurs ayant au centre le fort de Nogent, à droite le plateau de Gravelle, à gauche le fort de Rosny et le plateau d'Avron. Sur la rive gauche le terrain s'élève rapidement.

On trouve alors une série de côteaux qui, de Noisy-le-Grand, passent par Villiers, Cœuilly, Chennevières, Ormesson, jusqu'à Boissy-Saint-Léger et Villeneuve-Saint-Georges. On arrive à ces hauteurs par des routes diverses. La principale, celle de Paris, part du pont de Joinville, se bifurque en avant de Champigny (1), et forme deux chemins : l'un traverse Champigny et va vers Cœuilly par l'ancienne route (2) ; l'autre monte vers Villiers par le bois du Plant. A travers ces pentes court la chaussée du chemin de fer de Mulhouse qui passe entre Champigny et Villiers.

Tels sont les lieux destinés à être le théâtre de la bataille qui allait décider du sort de Paris et de la France. Mais avant d'engager l'action, il fallait rallier toute l'armée, passer la Marne et prendre le plateau d'Avron, et cela rapidement, en quatre ou cinq jours au plus, sous le regard des Prussiens qui occupaient Bry, Noisy, Champigny et poussaient leurs avant-postes jusqu'à la Marne.

---

(1) A l'endroit appelé *la Fourchette* de Champigny.
(2) C'est par cette vieille route qu'on arrive au monument qui vient d'être élevé.

Dès le 26 novembre l'armée de la Meuse qui gardait le nord avait ordre de se rapprocher de l'Est de Paris. Une division du 12e corps saxon allait prendre position à Noisy-le-Grand ; une brigade du 2e corps prussien occupait Villeneuve-Saint-Georges. Les Allemands soupçonnaient évidemment quelque chose, et prenaient leurs mesures.

De notre côté, lorsque la sortie par la Marne eut été arrêtée, et ce n'était guère avant le 22 ou 23 novembre, on se mit vivement à l'œuvre. On transporta à l'est les équipages de ponts réunis à Gennevilliers : ces travaux furent exécutés sous la direction de M. Krantz et de M. Ducros. Les trois corps de la deuxième armée vinrent se concentrer entre Vincennes et Rosny. Le contre-amiral Saisset devait commencer la lutte par la prise du plateau d'Avron, où le colonel Stoffel avait ordre de placer 60 pièces de canon. Le général Favé était chargé du commandement de la redoute de Saint-Maur. Entre Avron et Saint-Maur on plaçait près de 300 pièces de position, sans compter 54 batteries de campagne attachées à l'armée. Le général Vinoy au sud, l'amiral La Roncière Le Noury en avant de Saint-Denis, sur Epinay, les généraux de Liniers, de Beaufort sous le mont Valérien devaient faire des diversions destinées à favoriser le mouvement principal.

On touchait à l'action fixée au 29 novembre.

Dès le 28 au soir, le contre-amiral Saisset, avec trois mille marins s'emparait d'Avron; on avait toute la nuit pour mettre l'artillerie en position. Malheureusement on rencontrait d'un autre côté les plus grands obstacles. Les équipages de ponts avaient été amenés par la Seine et le canal de Saint-Maur, dans la Marne, sous Joinville. Pour jeter les ponts au moment fixé, il fallait remonter la rivière, et pour cela passer sous le pont de Joinville, dont une arche avait été imprudemment rompue à l'approche des Prussiens. Malgré les efforts les plus énergiques, on ne put triompher des difficultés, rendues plus grandes encore par une crue subite de la Marne, que l'ennemi détermina en rompant un barrage situé plus haut. Il était une heure du matin que l'on travaillait encore; on dut attendre un jour de plus et remettre au lendemain l'attaque fixée pour le 29.

On laissa toutefois s'accomplir certaines diversions. Ainsi, le 29 au matin, le général Vinoy se trouvait engagé dans le sud. Il faisait marcher sur l'Hay et Choisy-le-Roi, la division de Maud'huy et la division Pothuau. La brigade Valentin, division Maud'huy, entrait à l'Hay après un vif engagement. D'un autre côté, le contre-amiral Pothuau avait enlevé Choisy-le-Roi et le poste de la gare aux bœufs. Mais vers dix heures, le général Vinoy, averti de ce qui se passait sur la Marne, donnait l'ordre de quitter l'Hay et la gare aux bœufs. On abandonna ces positions dans l'après-midi seulement, et sans en avoir été délogé.

Pendant ce temps, on triomphait des dernières difficultés, et on passait la journée du 29 à établir des ponts nécessaires au passage des troupes et à compléter l'armement du plateau d'Avron. Enfin, le 30 novembre au matin, trois cents pièces d'artillerie tonnant à la fois et couvrant toute la presqu'île d'obus, ouvraient le passage à l'armée française. Le 1er corps du général Blanchard, composé des deux divisions Malroy et Faron, devait passer la Marne à Joinville et se porter aussitôt sur Champigny. Le 2e corps, commandé par le général Renault, moins la division Susbielle, devait passer sous Nogent et aborder directement Villiers. Le 3e corps, sous les ordres du général d'Exéa, avec les deux divisions Bellemare et Mattat, devait, protégé par les feux d'Avron, franchir la Marne à la hauteur de Neuilly, et se diriger vers Noisy-le-Grand, de façon à tourner Villiers, qui était le centre des positions. « Par cette combinaison, ajoute M. Ch. de Mazade, appuyée de tous les feux d'Avron, de Rosny, de Nogent, de Gravelle, de Saint-Maur, secondée par une vigoureuse attaque de l'amiral La Roncière le Noury devant Saint-Denis, par un effort énergique du général Susbielle sur Montmesly, entre la Marne et la Seine, on ne désespérait pas de saisir corps à corps cette fraction de l'armée d'investissement qui tenait les hauteurs, d'arrêter ou de retarder les renforts qu'elle pourrait recevoir du nord ou du sud, et de réussir à se frayer un chemin. »

III

Le 30 novembre, au point du jour, *par un froid et beau temps d'hiver*, le mouvement commença. En moins de deux heures, le 1ᵉʳ et le 2ᵉ corps, sous la direction des généraux Blanchard et Renault, avaient passé la Marne. La division Faron, composée de la brigade La Mariouse (35ᵉ, 42ᵉ de ligne) et le régiment des mobiles de la Vendée, et de la brigade Comte (113ᵉ, 114ᵉ de ligne) s'avançait sur Champigny, suivie de la division Malroy. Le 113ᵉ entrait bientôt après dans Champigny, d'où il chassait les Saxons. La division Faron traversait le village et n'attendait que le signal de franchir les côteaux de Chennevières et de Cœuilly. La division Malroy prenait à gauche, vers *les fours à chaux*, occupant ainsi les pentes entre Champigny et Villiers. De son côté, le 2ᵉ corps avait dépassé ce qu'on appelle *la Fourchette* de Champigny, et prenait la route de Villiers. Le bois du Plant fut bien vite enlevé, et on se trouva en face du pont du chemin de fer de Mulhouse qui coupe la route en cet endroit, et qui était solidement barricadé.

Le général Ducrot marchait en tête de la division de Maussion. Il voit dans ses troupes un moment d'hésitation ; il court à la barricade au mépris d'une violente fusillade, qui va blesser le général Avril de l'Enclos. Le courage du général anime les soldats ; en un instant la barricade est enlevée, et on se met à gravir la rampe de Villiers. La division Berthaut, avec les brigades Bocher et Miribel, suit la division Maussion sur la droite, en s'appuyant sur la ligne du chemin de fer. A ce moment, vers dix heures, le commandant du 2e corps, le général Renault tombe mortellement blessé d'un éclat d'obus.

Le général de Maussion prend le commandement du corps d'armée ; il est lui-même remplacé à sa division par le chef de l'une de ses brigades, le général Courty.

Le 2e corps avait facilement gravi les pentes de Villiers, et arrivait en face du parc du village, qui était crénelé de tous côtés, flanqué de canons, défendu par une brigade wurtembergeoise et par d'autres batteries échelonnées jusqu'à Cœuilly. Nos fantassins n'étaient plus guère qu'à 400 mètres de l'ennemi, ils touchaient au sommet des pentes, et ne pouvaient plus faire un pas sans être à découvert et sous le feu de ces fortes positions.

Il était à peu près onze heures du matin. Les batteries du 2e corps, sous la direction de l'énergique général Boissonnet, engagent avec l'artillerie allemande un combat des plus meurtriers

Une première colonne d'attaque contre le parc de Villiers est lancée à ce moment; mais elle est obligée de se replier laissant grand nombre de morts sur le terrain. Là fut tué M. de Néverlée, ce vaillant officier que le général Ducrot *aimait comme un fils* (1), « cet intrépide capitaine de son état-major qui, peu de jours auparavant, était allé prendre une patrouille prussienne jusque dans Saint-Cloud (2). » Les Wurtembergeois croient pouvoir alors profiter du désordre de nos soldats, ils sortent du cimetière et du parc de Villiers, et sont obligés à leur tour de revenir en arrière.

Ici se place un épisode digne des plus beaux temps de notre histoire militaire, et qui nous prouve bien que le général Ducrot avait à cœur de demeurer fidèle à son serment *de ne rentrer à Paris que mort ou victorieux*. On avouera que sur le plateau de Villiers, comme sous le pont du chemin de fer de Mulhouse, s'il n'a pas été tué ce n'est sûrement pas sa faute. « On allait recommencer l'assaut du parc de Villiers, raconte M. Ch. de Mazade, lorsque tout à coup sur la gauche, du côté de Noisy-le-Grand, on voit des masses s'avancer. Le général Ducrot qui est là, croit d'abord que c'est son 3e corps qui arrive;

---

(1) Paroles prononcées par le général Ducrot, le 2 décembre 1871, à la cérémonie du Tremblay.
(2) Ch. de Mazade, *la Guerre de France.*

mais il ne tarde pas à être détrompé et à reconnaître que ce sont des Saxons. Il fait coucher ses hommes, leur recommande de ne pas tirer un coup de fusil et d'attendre l'ennemi à bonne portée. Aussitôt que les Saxons sont à 100 mètres, sur l'ordre du commandant en chef, nos soldats se dressent et ouvrent un feu violent sur les Allemands qui tourbillonnent et reculent en désordre. Alors Ducrot se précipite à cheval sur le plateau, suivi de tout son état-major, entraînant ses troupes qui s'élancent la baïonnette en avant. On arrive sur les Saxons qui plient de plus en plus ; le général en chef, combattant au premier rang, brise son épée sur l'un d'eux. La mêlée est terrible lorsque le feu de Villiers, se rouvrant sur nous, force encore une fois nos troupes à s'arrêter et à se remettre à l'abri derrière les crêtes. »

Mais ces exploits qui coûtaient cher à l'ennemi ne s'étaient pas accomplis sans de grandes pertes pour nous. Des quatre régiments de la division Courty, deux avaient eu leurs chefs tués, les colonels Dupuy de Podio et Sanguinetti ; les deux autres colonels avaient été blessés. La plupart des officiers du général Ducrot étaient ou démontés ou atteints, et beaucoup d'hommes étaient restés sur le terrain. La division Courty avait redescendu les pentes de Villiers ; mais avec l'aide de la division Berthaut et de l'artillerie nous gardions toujours le plateau.

Pendant ce temps, du côté de Champigny, nos

affaires ne suivaient pas une marche fort diffé-
rente. La division Malroy, avec les brigades Paturel et Martenot, composées des mobiles d'Ille-
et-Vilaine et de la Côte-d'Or, avait été dirigée
vers *le four à chaux*, et, par suite, s'était trouvée
peu engagée dans la journée. Le général La
Mariouse, chargé d'occuper les hauteurs de Champigny, de Cœuilly et de Chennevières, avait lancé
deux bataillons du 35ᵉ de ligne. Le général Faron
ne croyant pas ces troupes suffisantes, fait marcher le dernier bataillon du 35ᵉ, le 42ᵉ de ligne,
le 114ᵉ et les mobiles de la Vendée.

Ici, il y avait à enlever une position à peu près
semblable à celle de Cœuilly : mêmes ondulations
de terrain, mêmes retranchements, mêmes murs
crénelés dans toute leur étendue et protégés par
de puissantes batteries. Plusieurs fois, on se
lança contre le parc de Cœuilly ; ce fut toujours
en vain. Malgré les ravages de l'artillerie ennemie
dans nos rangs, nos troupes se tenaient solidement sur ce plateau. A la tête du 42ᵉ, tombait
mortellement blessé le jeune colonel Prévot qui
commandait ce régiment depuis la veille. Le
35ᵉ montrait la même ardeur et la même intrépi-
dité. Un des bataillons de ce régiment, sous la
conduite du commandant Sancery, était même
déjà en marche sur Chennevières, lorsque entre
deux et trois heures, ces troupes recevaient un
ordre de retraite. Le général Ducrot était en ce
moment aux *fours à chaux*. Apprenant que les

troupes reviennent en arrière, il fait avertir le général Blanchard, commandant du 1er corps, de garder les positions : c'était trop tard, elles étaient déjà abandonnées. En descendant à Champigny, le général Ducrot rencontrait une partie de la division Faron revenant vers le village, et il était obligé de donner aux troupes l'ordre de se reporter en avant. On n'était pas battu, on n'était pas repoussé devant Champigny, on était encore devant Villiers ; rien ne justifiait ce mouvement de retraite.

Le général en chef faisait occuper ces hauteurs, quand tout à coup, entre trois et quatre heures, il entendit un feu violent du côté de Villiers. C'était le 3e corps qui arrivait enfin, ce 3e corps que le général Ducrot avait vainement attendu à midi et qui arrivait après trois heures. Le commandant du 3e corps, le général d'Exéa, avec les divisions Bellemare et Mattat, avait erré toute la matinée au-delà de la Marne ; il n'avait pas passé la Marne à Neuilly, et n'avait pu tenter le mouvement par Noisy-le-Grand. Devant Bry, on n'avait établi des ponts qu'à grand'peine et sous le feu des Prussiens. Ce ne fut qu'à trois heures que tout fut prêt. C'est alors que la division de Bellemare attaquait Bry avec impétuosité, en chassait les Saxons et gagnait les hauteurs de Villiers. Trois fois, les zouaves de la brigade Fournès se jettent sur le parc de Villiers, trois fois ils sont obligés de se replier, laissant plus

de 900 des leurs dans cet héroïque combat (1).
Si cette magnifique charge des zouaves avait eu
lieu le matin, si elle avait concouru avec les
autres attaques du 2ᵉ corps, avec celle surtout
où M. de Néverlée avait trouvé la mort, la bataille
pouvait être gagnée dès midi, et dès lors tout
pouvait changer de face. Au bruit de cette vive
fusillade, le général Ducrot se rapprocha de Villiers, et, avec les troupes qu'il avait sous la main,
fit de son côté une charge nouvelle. Mais la nuit
approchait ; il fallut cesser la lutte, et se contenter
de garder les positions conquises dès le matin.

IV

Pendant que les affaires marchaient ainsi à
Villiers et à Champigny, on avait combattu toute
la journée à Saint-Denis d'une part, et entre la
Seine et la Marne de l'autre. Le 30 novembre,
au matin, l'amiral La Roncière Le Noury s'était
mis en route. La brigade Lavoignet, avec la division de cavalerie Bertin de Vaux, avait traversé
la plaine d'Aubervilliers et occupé sans combat
Drancy et Groslay. De son côté, la brigade Hanrion, composée de marins, de trois bataillons des
mobiles de la Seine et du 135ᵉ de ligne, marchait

(1) Ces braves soldats reposent tous sur les lieux mêmes
témoins de leur courage, dans un monument qui vient
d'être terminé, sur la pente qui de Bry monte vers Villiers.

sur Epinay, vers deux heures. C'était le point principal à occuper. Après un combat de deux heures, dans lequel on ne pouvait avancer que pied à pied, où il fallait soutenir une lutte meurtrière à travers les rues et les maisons, Epinay fut enlevé. Dans cette attaque, fut blessé à mort le baron Saillard, qui avait quitté son poste de ministre plénipotentiaire pour prendre le commandement du 1er bataillon des mobiles de la Seine.

A l'autre extrémité, entre la Marne et la Seine, la division Susbielle, détachée du 2e corps de l'armée du général Ducrot, devait s'emparer de Montmesly. Le matin, en effet, elle partait de Créteil, et enlevait cette position vigoureusement défendue par les Prussiens, et où fut tué le général Ladreit de la Charrière. Mais un retour offensif de l'ennemi repousse la division Susbielle, que les batteries de Saint-Maur pouvaient protéger, et que le général Vinoy vint secourir. Vers une heure de l'après-midi, s'apercevant que la division Susbielle était en danger, que les Prussiens essayaient de se glisser entre Choisy-le-Roi et Montmesly pour tourner cette division et peut-être l'enlever, le général Vinoy fait occuper par ses troupes Thiais et Choisy, et n'arrête son mouvement d'attaque que lorsque la division Susbielle est en sûreté.

Cette bataille du 30 novembre, sans être une victoire complète, était loin d'être un échec pour nous. Après tout, nous campions sur les positions occupées le matin par l'ennemi ; nous avions infligé des pertes énormes aux Prussiens ; nos soldats étaient toujours à la tête de Villiers et de Champigny, et, si la victoire se juge à l'impression morale des troupes, la victoire était à nous. Le soir, nous le savons par des témoins dignes de foi, à Chennevières, à Pontault, à Boissy, les Allemands étaient dans la plus grande anxiété et la plus vive irritation. Sur toutes les routes, on rencontrait des fuyards. Vers la fin de cette sanglante journée, un officier wurtembergeois rentrant au Plessis-Lalande, assurait que sur deux cents hommes qu'il commandait, il ne lui en restait plus que trente, et que sur vingt-et-un officiers de son régiment, il n'en restait plus que six.

V

Dans ces conditions, le mieux eût été, si on l'avait pu, de reprendre la lutte dès le lendemain, pour achever l'œuvre si laborieusement commencée la veille. Mais les munitions épuisées, le froid excessif de la nuit, le manque d'abris ou de couvertures, la lassitude de nos soldats, le nombre des morts et des blessés qui couvraient le plateau et les collines de Champigny et de Villiers, tout rendait une telle entreprise fort difficile. Les Allemands avaient encore plus

d'intérêt à gagner du temps, ne fût-ce que vingt-
quatre heures, pour accroître leurs forces, pour
se fortifier et se préparer à prendre leur revanche
de cette journée qui avait été si dure pour eux.
Aussi le 1ᵉʳ décembre fut-il un jour de trêve
tacite entre les deux armées, passé de part et
d'autre à ensevelir les morts et à relever les
blessés, et à s'organiser pour une nouvelle lutte.
Le général Ducrot faisait construire en toute hâte
des épaulements pour l'artillerie, reliait par des
tranchées tous les revers de Villiers jusqu'aux
fours à chaux de Champigny, et s'établissait for-
tement dans le village même, afin de le défendre
en cas d'attaque. De leur côté, les Allemands
avaient appelé à eux de nouveaux renforts : le
12ᵉ corps saxon tout entier, le 2ᵉ corps prussien
sous le général Fransecki et la brigade du
6ᵉ corps. Toutes ces troupes, avec les Wurtembergeois qui avaient pris part à la bataille du 30,
étaient placées sous les ordres du prince de Saxe.
On pensait bien que les Allemands reprendraient
bientôt la lutte ; mais on ne croyait peut-être pas
qu'ils recommenceraient si tôt. Il n'y avait pas
encore vingt-quatre heures d'écoulées, quand
l'attaque se renouvela subitement, et, chose triste
à dire, se renouvela par une surprise qui faillit
nous coûter bien cher.

Le 2 décembre, au matin, l'ennemi descendant
des hauteurs de Villiers et de Champigny, se
jetait tout-à-coup sur toutes nos positions de

Bry à Champigny. Etabli à la ferme de Pou-
langis, dans la plaine de Joinville, le général
Ducrot arrivait aussitôt pour faire face à l'orage
et organiser la résistance. Cette irruption sou-
daine avait jeté le désordre dans nos rangs, pro-
duit une véritable panique parmi nos troupes qui
fuyaient précipitamment vers la Marne. Si notre
funeste négligence n'était promptement réparée,
si on ne parvenait à briser ce torrent de Prussiens,
qui tombait ainsi sur nous à l'improviste, un
affreux désastre était à redouter. Nos soldats qui
affluaient pêle-mêle vers la Marne, ne trouvant que
des passages rares et étroits pour franchir la
rivière, pouvaient être jetés à l'eau par un ennemi
victorieux, avide de venger son échec du 30 et
dont ce facile succès enflammait encore l'ardeur
et le courage.

Heureusement l'attaque n'avait pas surpris
tout le monde. Du côté de Villiers, vers le chemin de fer de Mulhouse, la division Berthaut
avait arrêté le mouvement des Prussiens. Plus
loin, dans l'autre partie des revers de Villiers, la
division Courty avait arrêté les Saxons, D'autres
Saxons, venant de Noisy-le-Grand, s'étaient pré-
cipités sur Bry, et ils en occupaient les premières
maisons, quand ils rencontraient la brigade
Daudel, de la division Mattat, qui les empêchait
d'avancer. Ainsi, de ce côté, la situation sans
cesser d'être grave, n'était nullement entamée.

Le péril était en réalité devant Champigny, où

la surprise avait été à peu près complète. A la tête de Champigny, il y a la nouvelle et l'ancienne route de Chennevières, montant par la gauche vers le plateau. A la bifurcation de ces deux routes, se trouve une maison, celle de Me Blanc, au delà de laquelle s'étend un parc faisant face à un autre parc, celui de M. Martelet. Dans l'après-midi du 1er décembre, ces deux parcs avaient été occupés par des compagnies du 42e; mais, dépourvues d'outils, elles n'avaient pu en créneler les murs. Dans les positions avoisinant *le four à chaux*, les mobiles de la brigade Martenot et les mobiles de la Côte-d'Or se laissèrent entièrement surprendre. On était ainsi absolument à découvert de ce côté, lorsque le matin du 2 décembre, avant le jour, les Prussiens arrivaient sur nous en trois colonnes d'attaque : l'une essayant de percer entre Champigny et la Marne. l'autre abordant la tête du village par l'ancienne route de Chennevières, la troisième se portant dans la direction des fours à chaux.

En un instant, la confusion fut extrême du côté des fours à chaux. Le jeune et vaillant colonel des mobiles de la Côte-d'Or, M. de Grancey, se fait tuer à la tête des quelques hommes de son régiment qu'il avait pu rassembler à la hâte (1). Bientôt les mobiles d'Ille-et-

(1) Sur la route qui va de Champagny à Bry-sur-Marne, dans le mur de la maison où est mort le colonel de Grancey,

Vilaine se repliaient en désordre au-delà de
Champigny. Cette retraite de la brigade Martenot laissait un passage ouvert à l'ennemi, et
rendait la situation très-dangereuse. Dès lors, la
brigade Paturel se trouvait obligée de défendre à
la fois ses positions menacées et celles qui
venaient d'être abandonnées. En peu de temps,
nos pertes furent énormes en cet endroit. Dans
cette terrible matinée, le général Paturel fut
blessé ; les chefs de ses deux régiments, le 121e
et le 122e, les colonels Maupoint de Vandeuil et
de la Monneraye furent tués ; la plupart des chefs
de bataillon mis hors de combat, et le commandement de la brigade demeura au dernier chef de
bataillon resté debout. Toutefois, à force d'énergie
et de courage, on parvenait à défendre le terrain.

A la tête de Champigny, si l'attaque était violente, la résistance n'était ni moins vive, ni
moins acharnée. Les compagnies du 42e n'avaient
pu tenir dans les deux parcs, qu'on n'avait pas

se trouve une plaque en marbre. On y lit l'inscription sui-
vante : *Ici a été mortellement frappé par une balle prussienne, au début de la journée du 2 décembre 1870, E. A. de
Mandat, vicomte de Grancey, colonel du 10e régiment des
mobiles de la Côte-d'Or. Echappé par miracle au combat de
Bagneux, le 13 octobre 1870, après des prodiges de valeur,
il est venu terminer ici sa courte et belle carrière.*

Passant, salue ; ce fut un héros et un chrétien.

Le contre-amiral Ribourt a consacré au colonel de Grancey
une notice pleine d'intérêt. Paris, H. Plon, 1873.

eu le temps de disposer pour une défense sé-
rieuse. Mais elles se repliaient lentement, se re-
tranchant derrière les murs, dans les maisons,
faisant feu sans relâche et disputant aux Allemands un terrain où ils n'avançaient qu'avec
peine. Une de ces compagnies, barricadée dans
une maison située un peu au-dessous du *four à
chaux* de M. Le Roy Desclosages, tint six heures
sans reculer, et ne se retira qu'après avoir brûlé
jusqu'à la dernière cartouche, et quand elle fut
réduite à quinze hommes. Pendant ce temps, on
avait pu disposer dans Champigny de fortes
lignes de défense, devant lesquelles devaient
venir se briser désormais les assauts répétés de
l'ennemi. De son côté, la brigade Comte arrê-
tait la marche des Prussiens vers la Marne. La
division Faron avait donc repris son équilibre,
et, lorsque dans l'après-midi, le général Trochu,
vint dans cette partie de nos lignes, le général La
Mariouse pouvait lui dire qu'il n'y avait plus rien
à craindre.

A partir de ce moment la bataille était rétablie
et, même avant midi, on peut le dire, l'attaque
allemande avait définitivement échoué. Sur ces
entrefaites nos troupes recevaient de précieux
renforts : la division Susbielle et la division
Bellemare arrivaient fort à propos, tandis que sur
les hauteurs de l'autre rive de la Marne, trente
bataillons de garde nationale prenaient position.
Le général de Bellemare, s'avançant par la

gauche des pentes de Villiers, allait soutenir la division Courty. Le général Susbielle prenant à droite de la route de Villiers, allait relever une partie de ia division Berthaut, et appuyer vers le *four à chaux* la brigade Paturel qui avait si cruellement souffert.

Dès lors, l'armée française se portait en avant. Des batteries divisionnaires venaient canonner avec vigueur les parcs de Villiers et de Cœuilly. L'infanterie allemande cédait de toutes parts, prononçait son mouvement de retraite, soutenue par le feu violent de son artillerie, du côté surtout de la division Bellemare, vers les pentes de Villiers. C'est là, vers trois heures, que tombait mortellement blessé, Franchetti, l'intrépide commandant des Éclaireurs de la Seine, au moment où il exécutait un ordre du commandant en chef (1). L'artillerie prussienne causait de grands ravages dans nos rangs. Pour en finir, le général Ducrot fait avancer six batteries de la réserve, qui ouvrent un feu formidable sur les parcs de Villiers et de Cœuilly. En peu de temps les batteries ennemies se taisaient. Il était quatre heures; la bataille était terminée, et l'armée française demeurait encore maîtresse du plateau qu'elle avait pris le 30 novembre.

---

(1) Un monument, élevé sur la pente qui, de Bry monte à Villiers, à peu de distance de celui où reposent les restes des zouaves de la brigade Fournès, rappelle aujourd'hui aux passants la mort glorieuse de Franchetti.

Notre avantage n'était pas douteux; mais, par malheur, il n'était pas plus décisif que celui du 30 novembre : nous étions encore au même point, en face de Villiers et de Cœuilly. Le général Ducrot, jugeant alors que si on attendait un nouveau choc, on pouvait s'exposer à un désastre avec des troupes épuisées de fatigue et si éprouvées, donna l'ordre de repasser la Marne. Ceux qui seraient tentés de blâmer cette mesure, après deux journées si pleines d'espérance, ne doivent pas oublier que nos malheureux soldats s'étaient battus deux jours, qu'ils grelottaient de froid, qu'ils venaient de passer trois nuits sous une température d'une rigueur extrême; ils doivent songer qu'on avait perdu 600 chevaux d'artillerie, plus de 6,000 hommes, qu'il y avait des régiments presque sans officiers et des batteries entièrement désorganisées (1). Le général Ducrot sachant

(1) On aura une idée des pertes subies par nos troupes dans le détail suivant : « La batterie Buloz, de la brigade Paturel, perdit le capitaine en second, blessé mortellement, les 2 lieutenants grièvement blessés, 23 sous-officiers et canonniers hors de combat, 32 chevaux tués. Une autre batterie, celle du capitaine de Chalain, placée près de la route de Villiers, subissait le 30 novembre et le 2 décembre une perte de 42 hommes et de 71 chevaux. La batterie de mitrailleuses du capitaine Tremoulet perdait tous ses officiers. » Le général Frébault, commandant en chef de l'artillerie de la 2e armée, et le général Boissonnet, commandant l'artillerie du 2e corps (corps du général Renault), furent blessés l'un et l'autre dans ces deux journées.

tout cela, crut devoir obéir à cette cruelle, mais impérieuse nécessité. Dès l'après-midi du 3 décembre, on exécuta cette opération toujours périlleuse, d'un passage de rivière devant l'ennemi, opération qui, favorisée par un épais brouillard, s'exécuta sans trouble, sans que les Prussiens pussent soupçonner notre mouvement de retraite. Le soir, on se retrouvait à Vincennes.

Ici s'arrête notre narration. Telles furent les péripéties diverses de ce grand drame militaire; telles furent ces journées mémorables où tant de courage fut prodigué et où coula tant de sang. Il est vrai, les résultats n'ont pas répondu à de si puissants efforts et à de si cruels sacrifices; mais notre succès ne fut pas douteux, et, selon le mot si juste du général Boissonnet, ceux qui sont tombés sur le champ de bataille ont eu, du moins, le bonheur de mourir *dans l'illusion de la victoire* (1). Quoi qu'il en soit, nous l'affirmons sans crainte, chefs et soldats ont fait vaillamment leur devoir dans ces sanglantes journées; ils ont laissé des monceaux de morts sur les collines de Villiers et de Champigny; ils nous ont légué enfin le salutaire exemple de leur patriotisme, de leur dévoûment et de leur héroïque courage. Gardons fidèlement le souvenir de tant de braves qui ne sont plus; qu'ils aient été vainqueurs ou non, honorons fièrement leur noble mémoire,

(1) Discours prononcé à Champigny, le 2 décembre 1873.

et, comme on l'a dit dans un langage de la plus
mâle énergie, sachons bien « que la gloire n'est
pas invariablement attachée au triomphe ; qu'à
cet égard, du moins, *la force ne prime pas le droit*,
et que là où l'honneur est sauf, les héroïques
victimes tombées dans une lutte inégale com-
mandent, autant que des victorieux, la gratitude
de leurs concitoyens, le respect de leurs ennemis
et l'estime de l'impartiale histoire (1). »

(1) Discours prononcé à Champigny, le 2 décembre 1873,
par M. Callon, alors vice-président du Conseil général de la
Seine.

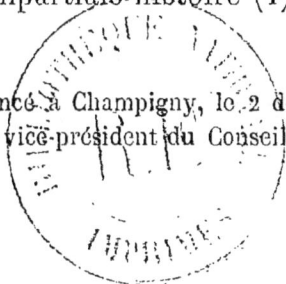

Paris. — E. de Soye et Fils, imp., pl. du Panthéon, 5.

294.

www.ingramcontent.com/pod-product-compliance
Lightning Source LLC
Chambersburg PA
CBHW060813280326
41934CB00010B/2668